아기는 성이 없고

아기는 성이 없고

김명수 시집

차 례

제 1 부

물결 8
새야, 나무야 9
새로 피는 꽃을 보며 10
내가 기르는 강아지들 11
遠視 12
꽃과 불 13
상수리나무가 있는 언덕 14
아기 바다 15
열목어 16
斷章 17
돌멩이, 민들레, 흰구름 18
두 향기 19
나뭇잎 화석 21

제 2 부

거대한 자물쇠 24
鐵路 25
여울에서 26
바다를 보는 소 27
새벽 포구 28

휴경지　29
타버린 소나무들　31
黑 潮　34
산골 읍내　35
봄바다　36
그림자　37

제 3 부

인 연　40
生 還　41
언덕 위의 불빛　46
새　47
감 자　50
저 모습　51
默 言　53
나무의 젖을 먹는 고기　54
無色鳥　56
나무들의 그림자　57

제 4 부

바다 위의 소나무　60
이 먼 곳으로 누가 오겠니　61
우단 노을　62
고구려의 밤하늘　64

소리集   68
                有金寺   69
                마 음   71
어미를 위해 울 수 있다면   73
                여름날   74
          정지된 시간에게   75

                          제 5 부

              선창 술집   78
            두 개의 거울   79
          토일이와 수왕이   80
              구름들이   82
              거미와 말   83
              맨드라미   84
        바닷가 마을 고양이들   86
            무덤 위의 집   89
                들 녘   90
                탄 생   92
          아기는 성이 없고   93

            해설/이경호   95
            시인의 말   104

제 1 부

물 결

저기 저 산등성이에 보랏빛 들국화가
무리져 피어 있다
나는
내가 태어나던 그날 그 시각의
햇살을 떠올린다

새야, 나무야

새야, 아이와 놀아주렴
나무야, 아이를 안아주렴
바다야, 수평선아
아이와 놀아주렴
솔방울아, 물고기야, 물결나비들아
아이의 방에 쇠창살을 걷어주렴
쇠창살 속에 아이가 있단다
폭풍우 속에 아이가 있단다

새로 피는 꽃을 보며

한 이레 전 처음 꽃망울이 맺혔던
백매화나무에 처음
꽃 한송이 피던 날
올해의 첫 나비 날아와
꽃송이에 앉습니다
어머니,
오늘도 병원에 다녀오셔서
혈압약을 드시는
지금은 일흔여섯
우리 어머니
열여섯 속살 곱던 당신
뒤뜰 안채 들마루에 앉아
고운 이마 숙이시고
고요히 수틀에 花鳥 수놓던 날도
이날 아니었으리

내가 기르는 강아지들

내가 기르는 강아지 두 마리
한 마리는 머리에 털이 많고
또 한 마리는 어느새
어금니도 나 있다
너희들은 문득
이름도 없는 너희들은
봄에 피는 산수유
혹은 4월에 돋는 무릇싹,
입모습이 정이 가는 돌고래
또는 멀리 있는 사람의 그리운 편지
적막한 밤하늘에 묻히는 流星을 떠올린다
아이도 아내도 없는 빈집에서
내가 홀로 오수에 잠기면
내 곁 그늘에 와서 머리 묻고
함께 잠드는 두 마리 강아지들
너희들은 나에게
먼 들판, 먼 바다,
그리운 사람, 아득한 우주를 일깨워준다

遠視

꽃 피고 초록 환하다
나는 봄 보고
봄이 나를 본다
빛나는 것에 오래 눈 머물렀다
내가 봄을 보고
봄이 나를 보는 거리여
멀어라, 멀어져라!
봄이 나를 보고
내가 봄을 보는 거리여

꽃과 불

나비는 꽃으로 날아들고
나방은 불빛 찾아 날아드네
나비도 나방도 아닌 者 있어
향기로운 꽃에서 숨결 모으고
제 몸 태울 불 속에도 뛰어들었네

상수리나무가 있는 언덕

키 작은
상수리나무 옆에 가서 앉았다
파란 상수리 열매가
상수리나무에 맺혔다
상수리나무는 나를 옛날로 데려간다
옛날은 쓸쓸하다
옛날은 가까이 있다
내일은 멀다
어제처럼 멀다
수평선이 보이듯이
그렇지만 멀듯이

아기 바다

포장도로가 새로 닦인
남녘길에
유자가 익었다
비엔날레를 보고
소록도로 가는 길
노랗게 익은 그 유자밭 사이로
차들이 슬픔처럼 달린다
추수 끝낸 들녘
인가도 드물다
마을에 와서 안긴
아기와도 같은 바다가 있다
슬픔을 지닌 사람의
고요한 눈매처럼
아기 바다는 아름답다

열목어

무엇을 보아, 네
눈이 뜨거워졌느냐
불타오르는 함성이었느냐
솟구쳐오르던 화산이었느냐
차가운 계류에서 몸을 식히는
너의 어제를 말해다오

斷 章

어디서부터인가?
강물서부터인가?
강물은 바다 되고
바다는 노을 되고
노을은 빗방울
빗방울은 무지개
무지개는 무지개는 이슬이 되고
이슬은 풀잎 되고
바람에 휩쓸리는
저 풀잎 되고……

돌멩이, 민들레, 흰구름

땅에 박힌 돌멩이가 민들레를 바라본다
바람에 흩날리는 민들레가 구름을 바라본다
구름은, 푸른 하늘의 구름은
땅에 박힌 돌멩이를 보지 않는다
민들레 꽃씨도 보지 않는다

두 향기

산재 병원 뒷산 숲길
아카시아 활짝 피어
꽃향기 짙은 날

후미진 병원 영안실에
한 목숨 이승 하직하여
목탁 소리와 함께
분향하는 향내음
아카시아 숲길까지 퍼지네

꽃 피어 어리는 꽃향기와
한 목숨 죽어
피우는 향내음
함께 어리는 숲길에

꽃철이야 어제 없던
벌통들 놓여 있고
벌들은 닝닝거리며 날아드는데

꿀 모으는 벌들이
아득히 날아가는 끝없는 길에
피고 지는 두 향기 하나로 스며
내 생각 발길보다 먼저 머물고

나는 우리네 이승의 오후 한나절을
두 향내를 맞이하여
걸어가노니

아, 오월 숲길의 적막한 아지랑이여
그 속에 피어나는
초록빛 초록빛 새잎들이여!

나뭇잎 화석

돌에 나뭇잎이 새겨져 있다.
꽃도 줄기도
뿌리도 흔적 없다
나는 숲속의 나무를 생각해본다
나뭇잎의 시간을 생각해본다
숲에 내리던 이슬비도 생각한다
옛날, 그 옛날
아마도 수억년 전
나뭇잎에 어리던 햇살도 떠올린다
돌에 나뭇잎이 새겨져 있다
꽃도 줄기도
뿌리도 흔적 없다
나는 나를 생각한다.
지금 이 시간
나의 시간을 생각해본다
나는 지금 숨을 쉰다.
밖에는 이슬비가 내리고
내 그림자가 벽에 비친다

제 2 부

거대한 자물쇠

저 풀잎을 스치는
미풍 한줄기에
폭풍이 스며 있다
하늘에 떠 있는 조각구름 하나는 그럼
폭풍의 흔적이다
고요한 봄날이 오래오래 이어졌다
세상에는 누가
또 누구를 기다리나?
저 풀잎을 스치고 지나치는
바람 한줄기가
거대한 자물쇠도 되는 날이다

鐵　路

포플러 잎새 푸르던 날
머나먼 평행선에
한 청춘의 동경이 있었다
한 청춘의 슬픔이 있었다
산굽이 지나
들판을 지나
야! 포플러 잎새 눈부시던 날

여울에서

여울물 흐르는 기슭에
아지랑이 잔물살 지으며

실낱 같은 고기들이
물살을 거스른다

아직 세찬 물살 모르는
알에서 갓 깨어난

어린 고기들의 첫 헤엄!

저 물살에 어리는
네 어린날 꽃신 하나

바다를 보는 소

쪽빛 바다에 천년 파도 철썩이고

백사장 모래펄에 해당화도 붉은 날

고삐 묶인 소 한마리 말뚝에 묶여

백사장에 무릎 접고 먼 바다 보네

새벽 포구

 먼동 트고 뱃고동 울린다. 먼바다 앞바다에서 배 보아라, 배 들어온다. 통통통통, 쿵쿵쿵쿵 크고 작은 배 들어온다. 수평선에 벌겋게 새벽 햇살 비치고 뱃머리에 깃발이 바람에 펄럭인다. 활선어 트럭이 선창 앞에 잇닿는다. 장화 신은 뱃사람들 팔뚝을 걷어붙여 밤새 잡은 고기들을 뱃전에서 부려댄다. 오징어는 찍찍 검은 물을 뿜어내고, 넙치들은 펄떡펄떡 광주리에서 퍼덕인다. 아낙들이 함지박을 이고 앞다투어 다가오고 리어카에 얼음을 가득 싣고 얼음장수도 들이닥친다.
 저기 보아라, 동해옥 미란이. 간밤에 이까배를 타서 돈푼을 만진 건달녀석과, 하룻밤을 함께 잔 동해옥 미란이도, 화대를 챙겨 들고 여인숙을 나서다가, 환하게 동터오는 수평선을 바라보며 이맘때쯤 오줌장군을 지고 들일을 나서는 남쪽 땅 제 아비를 떠올렸는지 한동안 말없이 수평선을 바라본다.

휴경지

청송에서 영양으로 넘어가는 길목이다
산비탈 언덕으로 빈 밭들 보인다
쑥대와 망초대가 엉클어져 있었다.
사람 떠난 마을에 곡식을 심지 않고
저렇듯 잡초에 몸을 맡긴 저 밭들
얼마만인가, 저 땅이
밭이라고 이름 받아 수십년을 하루같이
여름이면 고추 심고
가을이면 보리 갈아
삽과 괭이로 파헤쳐졌으리니
땅 또한 오래오래 노역에 겨웠으리
영양에서 영덕으로 넘어가는 가을 오후
검버섯 핀 노인들만 서넛 태운 버스는
느리게 산마을을 지나쳐 가고
나는 저 땅에 곡식을 심지 않고
저렇듯 잡초에 몸을 맡긴
빈 밭을 무연히 바라본다
내 마음 한구석 빈 밭에도
한 계절 저렇듯 잡초 돋아나라

쑥대와 망초들도 어우러져서
들꽃도 무심히 피어나거라

타버린 소나무들*

화광 충천하고
하늘마저 태울
회오리 화염 여기 있었으리
오늘 검게 타버린 잔재로
남아 있는 소나무들 보네

한때 이 소나무들
청청한 가지 푸르게 드리우고
바닷바람,
바다 숨결 마주하던 수목 아니었으리

인축이 아우성치고
바다마저 휩쓸 듯
충천하던 화광이 휩쓸던 날
천년을 변함없는 바다를 마주하며
설악 큰산의 기상을 온몸에 간직하던
나무들은
제자리에 뿌리내린 운명대로
묵묵히 그 화염을 고스란히 받았으니

오히려
길길이 뛰던 소와
미친 듯이 치달리며
소스라쳐 울어대던 鷄狗들에 비겨
욕됨이 없는 그 견인의 인내가
부끄럽지 않으리니

아, 언젠가 내 이곳을 지나치며
그 청징한 생기로
내 마음 머물게 하던
동해안 고성의 소나무들은
내 마음속 전설로 남아버린 채
바닷바람
바다 숨결 홀로 두고
검게 타버린 잔해가 되었으니

온 생명 푸르르게 피어나는 유월에도
불타버린 수목들의 잔해를 바라보는

바다 또한 저 적막한 백사장과 더불어
외로우리.

* 1996년 2월 동해바다를 끼고 있는 강원도 고성에 3개 면을
  태운 큰 산불이 있었다.

黑　潮

하루가 아름답다면, 永遠이 아름답다고
오늘이 캄캄하다면, 하늘이 캄캄하다고
파도는 푸르고 지하철은 달린다
인간의 목숨은 어디까지라더냐

산골 읍내

산골 읍내에 늦은 버스가 와서 멎었다
골목 골목에 알전등이 켜져 있다
벌써 첫서리가 내렸는지
거리가 싸늘하다
말린 산나물을 파는 가게에도
산짐승 고기를 판다는 음식점에도
인적이 끊겼다
손님을 싣지 않고 택시가 지나친다
젊은이 두엇이 두런두런거리며 골목길로 사라지고
어두운 밤에 읍내의 집들이
불을 켜고 산그늘에 안겨 있다
여관에서 몸을 씻고
잠자리에 들었는데
조용하고 한적한 골목에서
개 짖는 소리가 들려온다
해가 지면 일찍이 산그림자가 드리우는 이곳
나는 개 짖는 소리를 한참 동안 듣는다
왠지 나도 마음이 아늑하다

봄바다

"엄마 엄마! 여기 좀 봐요" "엄마 엄마! 여기 좀 봐요" 內陸에 복사꽃 환하게 피는 날 아지랑이 눈부신 바닷가에서 해맑게 재잘대는 아기 소리 들리어 눈 씻고 사방을 살펴보아도 水平線엔 꿈결 같은 아지랑이 일어 물새 소린가? 갈매기 소린가? 놀라워라 글쎄 엄마바다가 금햇살 받으며 조개와 고기를 키우는 동안, 해초밭을 바쁘게 가는 동안 아기바다 저 홀로 기슭에 나와 구름처럼 피어나는 복사꽃 꽃그늘에 수줍게 제 몸을 물들이면서, "엄마, 엄마! 여기 좀 봐요" 엄마바다 향해 속살거리니 해맑은 아기바다 그 소리 받아 든바다 난바다가, 陸地와 수평선이 어느새 一色으로 물들여지니 분홍빛 복사꽃 물들여지니……

그림자

지친 그림자 이끌고
나, 바닷가에 섰거늘
아, 바다는 이 바다는
그림자가 없도다.

제 3 부

인 연

모래 속에 모래 하나 있었지요
바람 속에 바람 하나 있었지요
모래는 그저 모래
바람은 그저 바람
물결 속에 물결 하나 있었지요
물결도 그저 물결
모래는 모래를 그리워했지요
바람은 바람을 그리워했지요
물결은 물결을 그리워했지요
아득한 모래사장
무심한 바람
반짝이는 물결

生 還
안인진에서

파도
푸르게 출렁이고
산야의 녹음은
무성한 7월이다
그러나 세월은
아직도 살얼음판
일촉 즉발의
적막 공포
여기서 듣는다
출렁이는 파도 소리
짙푸른 녹음 사이
어미의
통곡 소리
흐느낌 소리 듣는다

    어디로 갔나
    어디로 갔나
    생때같은 내 아들
    어디로 갔나

세찬 파도 밤바다
검푸른 바다 물밑
물밑으로 물밑으로
떠나가버렸나

왜 안 오나
왜 못 오나
네 간 곳 생사불명
바다는 천길 파도
살아서 오늘도
돌아오지 못하나

거기는 굶주림
거기는 살얼음판
軍犬들과 수색대
중무장한 총구들
거기는 적막 공포
거기는 지뢰밭
네 간 곳 죽음이라

돌아오지 못하나

돌아오라 내 아들
살아서만 돌아오라
네가 진정 살아서
돌아올 수 없다면
한번 가 영영
돌아올 수 없다면
속수무책 내 가슴
피 토하는 에미 마음

내가 너를 보낼 때
네가 나를 떠날 때
잡을 수도 없는 몸
막을 수도 없는 몸
어디로 가는지도
알 수도 없던 에미
너 없는 이 에미
피멍이 들어

애타는 조바심에
내 가슴은 졸아붙고
피마르는 마음으로
너를 기다리니

돌아오라 내 아들
살아서만 돌아오라
엉클어진 칡넝쿨
철조망 뚫고
천길 절벽 지뢰밭
세찬 파도 헤쳐
오늘도 애타게 너를 기다리니
피멍든 가슴으로 너를 기다리니

파도
푸르게 출렁이고
산야의 녹음은
무성한 7월이다

그러나 세월은
아직도 살얼음판
일촉 즉발의
적막 공포
여기서 듣는다
출렁이는 파도 소리
짓푸른 녹음 사이
어미의
통곡 소리
흐느낌 소리 듣는다

언덕 위의 불빛

폭풍이 그치고 하늘에 고요히 별이 떠 있는 밤

바닷가 외딴 언덕에 불빛이 깜빡인다

슬픔이 깃든 오두막 한채

늙은 어부 내외가 어린 손자 하나를 키우고 사는 집

하나뿐인 아들은 멀리 떠나고

젊디젊은 며느리도 집을 나간 집

적막이 깃든 오두막 한채

새

새
저 새

뙤약볕 이글대는
강변 자갈밭에
사방 이삼십리
풀 한포기 돋지 않는
이글이글 불타는 폭양 아래
자갈밭에
뜨거운 자갈을
품고 있는
저 새

하마 몇며칠째
하마 몇며칠째
꼼짝도 하지 않고
웅크리고 앉아
뜨거운 자갈을
알인 듯

품고 있는
두 눈만 불타는
새
저 새

누가 저 새를 본 적이 있나?
눈여겨 저 새를 본 적이 있나?
멀리 민둥산에 외로 서 있는
벼락맞은 나무조차 보지 않는
저 새

날아라, 날아라
날지도 않고
울어라, 울어라
울지도 않고
떠나라, 떠나라
떠날 곳도 없는
깨어날 리 없는 돌
뜨거운 돌자갈을

어제도 오늘도
품고 있는
저 새

감 자

꽃피던 들판은 어디였나
땅과 맞닿았던 껍질들은 기억할까
훈기 피어나던 아지랑이
종달새 울던 5월의 들녘
다시 꽃 필 날은 먼데
주방 구석 모퉁이
종이상자 속에 담겨 있는
시들고 쭈글쭈글한 감자들
늦은 밤 전철 안
지치고 묵묵한 남자가 있다.
누런 피부의 사내 감자를 본다

저 모습

바람, 나무, 새 들은
오래도록 보아온 것
이른 봄날 꽃가지에
새들 지저귈 때
분홍빛 꽃망울
아름답게 맺히고
해질 무렵 바람 속에
홀로 선 저 나무와
새들은 황혼녘에 동무도 되거늘
하지만
아직 내가
바람, 나무, 새 들에게
살펴보지 못한 것이
늦가을
저 가지에
새 한마리 앉아
스산히 바람 불어
잎새마저 흔들릴 때
저 새의 깃털이

푸스스 바람에 보풀리어서
나는
바람에 보풀리는
저 새의 깃털이
어린 저 새가
스스로 마련했을
춥고도 스산한 겨울 견딜
덧옷인 양 여겨져서
발 멈춰
저 새를
오래도록 바라본다

默 言

내 집 앞 아스팔트 포도 위에
자동차 한대가 찌그러지고 바스러져버렸다
내 집 앞 아스팔트 포도는
찌그러지고 바스러지지 않았다 늠름하다

나무의 젖을 먹는 고기

봄인가 가을인가
여윈 나무들

뿌리 내릴 흙조차
찾을 길 없고

바람의 기척마저
사라진 여기

고기들이 나무에게
잎새처럼 안겨 있다

시든 낙엽 같은
비늘조차 없는 고기

여윈 나무들이
고기에게 젖을 준다

나무의 젖을

먹는 고기

오늘도 해는 뜨고
달도 뜨건만

나무, 오늘 고기인가
고기, 오늘 나무인가

대지의 숨결조차
멎어버린 여기

無色鳥

꽃이 새 보았나
새가 꽃 보았나
백화난만한 날
꽃들 사이로
꽃 피하듯
꽃 숨듯
꽃그늘로
날아가는
새가 있네
꽃이 있네

어디로 날아가나
빛깔 없는 저 새
새가 꽃 피하나
꽃이 새 피하나
도처에
꽃 핀 봄
빛깔 없는 저 새
꽃 더욱 붉어 붉어
슬픈 새 한마리

나무들의 그림자

전에는
불을 끄고 잠들곤 했다
그러나 이제
불을 켜고 잠들고 싶어한다
불빛이 홀로 잠든
내 모습을 비출 것이다
오늘은 잠자리에 들면서
나무를 생각했다
그 나무는 내가
옮겨 심다 죽어버린
어린 해송 한그루
잠자리에 들면서 나는 또
내가 사는 마을 횟집
수족관에 들어 있던
오징어와 넙치 같은 고기들도 떠올린다
여기는 밤에도
바람이 자주 불어
잠든 내 창문을 흔들 것이다
그러면 설핏

잠에서 깨어나
창문으로 어른대는
나무들의
그림자도 보게 될 것이다

제 4 부

바다 위의 소나무

가을바다 만리 밖 잔 파도 일어

먼바다 아스라이 살아나는 날

저 바다 고요한 수평선 위에

내가 심은 한그루, 푸른 소나무

이 먼 곳으로 누가 오겠니

이 먼 곳으로 누가 오겠니
봄이다
찔레꽃이 피어 있다
이 먼 곳으로 누가 오겠니
여름이다
갈매기는 서로 마주보지 않는다
이 먼 곳으로 누가 오겠니
가을이다
새꽃이 바람에 나부낀다
이 먼 곳으로 누가 오겠니
겨울이다
산고양이 울음소리가 들린다
어둠속에 별 하나 불타고 있다

우단 노을

비탈길 위로 어린이집이 있고
강아지들이 호젓이 놀고 있는
그 집 마당에
맨드라미가 빨갛다

삼마치 고개를 넘어온
구름이
높이 떠 있는 마을

도시로 가는 길은
뻗어 있으나
차들이 사납게 달렸다

언덕 위 여자고등학교에도
멀리 김치공장 위에도
노을이 빨갛다

이파리 없이 핀
붉은 우단 같은 맨드라미 꽃 속에

까만 씨앗들이 숨어져 있다

우단 같은 노을……
無緣의 들판을 걸어가는
두 사람의 발자국이 있다

고구려의 밤하늘

아주까리, 어유(魚油)등불 사위었다
남소성 넘어
사슴을 쫓던 사내들 잠들고
비류수에 머리 감은 아낙들도
잠자리에 들었다
제천(祭天)의 북소리도
풀벌레 울음도 잦아진 밤
하늘에 요요히 별이 떠 있다
북두(北斗)는 중심에서 빛나고
천랑(天狼)은 홀로 밝다
참숙좌(參宿座)와 적졸좌(積卒座)는
좌우에서 또렷하다
북녘 산맥 너머로
긴 꼬리 남기고
별똥별이 잦아지면
계명성(鷄鳴聲)도 그쳐버린
고구려의 밤하늘
옛사람의 숨소리는
대지의 정적 속에 깊이 스며들어

바야흐로
하늘과 땅이
강물과 산맥들이 하나가 되는 시각
무슨 꿈을 꾸었을까
귀리를 거두고
조이삭과 기장도 갈무리하면
서리 내려 깊은 겨울 다가오는데
적막한 밤하늘
소매 큰 적삼과 가죽신을 신었던
춤추던 사람들
무용총의 사람들
고요한 밤하늘의 별자리를 마주하고
잠든 선인들의 꿈결은
차마
천년 후
십악(十惡)이 들끓는
오늘의 이 밤을 생각이나 하였을까
살생과 투도(偸盜)와
사음(邪淫)과 망어(妄語)와

탐욕 진에(瞋恚) 악구(惡口)가 난무하는
오늘의 밤을
지금은
축생도 잠들 시간
지금
도시의 밤은
우리의 밤은
휘황한 불빛이 내 눈을 착란하고
경적과 굉음은 귀조차 멀게 하여
나는 비애의 이 도시
모퉁이에서
소음과 경적 속에
고구려의 밤하늘을 외로이 떠올린다
고요와 정적 속에
하늘의 별자리를 마주하던 그 밤을
그리워라
천년의 꿈결처럼
아득히도 먼
낮이 낮답고 밤이 밤다운

고구려의
밤하늘과
적막한 성수도(星宿圖)!

소리集

석쇠에 오르는 고기가 있네

——나, 이 불꽃 화염 즐거워해야 하리
숱한 나날 깊은 바다
물속만 나는 알았으니——

저녁 밥상에 고기 한마리 올라 있네

有金寺

누가 그리로
발길을 옮기나?
발 아래 바다는 안개에 싸여
무엇인가 정녕 나에게 묻듯
거기 금 있고
거기 금이 없는 곳
칠보산 아래
낡은 절 한채
바야흐로 紫薇나무
새잎이 돋아
골짜기 계곡물도
옛처럼 흘러
자미나무,
자미나무 금을 지니고
골짜기 계곡물도
금을 지니고
거기 어디서
금을 찾으리
금곡에서 시오리 유금까지는

소나무도 새순 돋아 생금빛인데
거기 금 있고
거기 금이 없는 곳
시오리
굽은 길도
만리처럼
먼 길

마 음

갈매기는
한번 날개 저어
오래도록 바다 위를
하늘을 나른다

바람 세찬 날은
파도 거슬러
더욱 자주 날개도 치지만

갈매기에겐
저 넓은 바다가 저에게는
모두 바다가 아니다

저 무한한 하늘이 모두
제 하늘이 아니다

만경창파에
태허 무변에
오래오래 눈길 가는 마음아

갈매기는 아는구나
갈매기는 제가 나르는 곳만큼이
하늘이고 바다다

어미를 위해 울 수 있다면

돌멩이가 돌멩이를 버리고
꽃이 꽃을 버리고
쌀이 쌀을 버렸다
아, 바다가 바다를
나무가 나무를
자동차가 자동차를
집들이 집들을
들판이 들판을 버렸다

어디로 가는가
돌멩이야, 꽃들아, 집들아, 들판아
서리 내린 이 아침
어미를 위해 울 수 있다면!

여름날

어느 한사람이 먹구름 속으로 들어가고 있었다

어느 한사람이 뭉게구름 속으로 들어가고 있었다

어느 한사람이 불타는 태양 속으로 들어가고 있었다

어느 한사람이 황혼의 노을 속으로 들어가고 있었다

태풍이 지나가고 서녘 하늘에 남아 있는

구름 하나를 보고 있는 사람도 있었다

정지된 시간에게

무엇이 시간을 정지시킵니까?
덧없이 흐르는 시간을 멈추게 합니까?
무엇이 공간을 고정시킵니까?
적막하고 아름다운 풍경을
내 것으로 만들어 고정시켜줍니까?
무엇이 중심과 주변의 경계를 지웁니까?
무엇이 빛과 그늘을 하나로 만듭니까?
밝은 빛과 어두운 그늘을 하나로 만듭니까?
무엇이 무한과 유한의 구분을 사라지게 합니까?
끝이 있는 유한과 끝이 없는 무한의 구분을 사라지게 합니까?
무엇이 눈감을 때 빛을 보게 하고
무엇이 눈뜰 때 그늘을 보게 합니까?
무엇이 낙하하는 꽃잎에게
외로운 향기를 남기게 합니까?
덧없이 흐르는 시간을 멈추게 하는
정지된 시간이여, 빛나는 시간이여,
외로운 향기여
내 마음속 불타는 단풍도 없이

낙엽 지고
내 한해 청명한 가을도 없이
눈 내리는데
무엇이 너와 나의 슬픔과 기쁨을 장악하고 주재합니까?
사랑이여!

제 5 부

선창 술집

앵미리 굽는 연기가 술집 안에 자욱하다
오징엇배를 탔던 사내 장화를 신은 채
목로에 들어와 소주를 마신다
주모는 술손님과 너나들이로 스스럼이 없다
남편도 옛날에 오징엇배를 탔다 한다
사내들이 주모에게 소주잔을 건네고
주모가 서슴없이 술잔을 받는다
진눈깨비 몰아치고 날씨가 사납다
술청 안에 욕설이 뒤섞이고
멱살잡이가 벌어진다
자정이 넘어서야 술집 불이 꺼지고
비틀대며 사내들이 선술집을 나선다
동이 트자 환한 해가 술청으로 쏟아진다
어느새 주모가 선창으로 나선다
안줏감을 흥정하는 그녀의 얼굴에
싱싱한 아침해가 환하게 빛난다

두 개의 겨울

파리채 위에
크고 검은 파리 한마리가
앉아 있다
계절은 혹한 겨울
소한에서 대한 사이
사방이 꽁꽁 얼어붙었다
파리채 위에
파리채를 깔고 앉은
크고 검은 파리 한마리

누가 얼어붙은 이 겨울에
부채를 부친다

토일이와 수왕이

한해가 저무는 세모에
한 시대의 권력의 종말을 보노니
그토록 극악했던
무도함은 마침내 쇠해지고
끝내 불의는 의로움에 굴복되거늘

소년이여
참되고 옳음이 짓밟히고 쓰러지는 시절에
우리의 자랑인 남주와 광석이
세상에 끼치고 간 한점 혈육이여
어여쁜 소년이여

오늘 문득,
힘들고 외로울 너희 어머니들 모습에 겹쳐
어린 너희들 얼굴을 떠올리노니

제 겨레를 짓밟고 가혹하게 억누르던
저들의 초라한 종말을 목도하며
남주와 광석과의 옛 추억보다

어느새 눈앞에 또렷이 살아나는 소년들이여

아직은 긴 겨울, 혹독한 추위 속에
세월은 이렇게 또 지나가노니
너희들 건강하게 자라렴!

남주의 아들인 토일이여,
광석의 아들인 수왕이여
살아 있는 우리들의 애틋함이여!

구름들이

구름들이 코끼리떼 같더니
나비떼처럼 되고
구름들이 커다란 산봉우리 같더니
물결치는 파도 된다

내가 구름을 보아야
구름이 나를 본다

구름이 나를 보며 바쁘게 말한다

풀밭이 되어라
장다리꽃밭이 되어라
나무들, 바위가 되어라
고기 혹은 흰 돛단배가 되어라

풀밭이 아닌 나
장다리꽃밭이 아닌 나
흰 돛단배가 아닌 나……

거미와 말

거미는 제 몸의 창자와
피를 다 뽑아
허공에 집을 짓고 묵묵히 기다렸다
그것이 한평생, 거미의 삶이었다
말은 늠름한 갈기와
억센 발굽으로
사나운 콧김을 뿜으며
단숨에 앞을 향해 치달렸다
그러고는 철썩 거미줄에 걸려
온몸이 휘감겨 버둥거린다
자, 이제 말할 차례
과연 거미는 무엇을 기다렸나?
이제 거미는 저 말을 어쩔건가?
거미는 누구이고
말은 또한 누구인가?

맨드라미

피어 있는 꽃인가
피지 않은 꽃인가

피가 키운 꽃인가
멍이 키운 꽃인가

누구에게 스스로 영혼을 주었나
누구에게 스스로 육신을 바쳤나

누가 온몸을 으스러뜨렸나
누가 염통을 움켜쥐었나

해바라기 시든 대궁
까만 씨앗 영그는

꽃보다 더욱 진한
가을 언덕에

이루지 못한 인연

너에게도 있었는지

飛行雲 높이 걸린 외진 그 마을
맨드라미, 너를 보는 사람이 있다

바닷가 마을 고양이들

바닷가 마을에선
아무도 고양이를 키우지 않았다
사람들이 고기를
널어 말리고
저녁이면 바다에서
배를 저어 마을로 돌아오지만
저 건어물 창고
외진 구석이나
혹은 부서진 목선 틈서리에서
고양이들이 스스로
삶을 영위해가는 것을
누구도 눈여겨 바라보지 않았다
그러나 이따금씩
바람 불고 파도 치는 이 외진 바닷가에
그 옛날 처음으로
하나씩 둘씩 사람들이 찾아와
솥을 걸고 지붕을 엮어
삶의 터전을 궁리하던 그때처럼
바닷가 마을 고양이는 어느새

저 파도 소리와 뱃고동 소리에도
익숙해져 있다
무심한 세월
아이들이 자라고
사람들이 늙고
그들의 뼈도 바다에 묻히고
그리하여 햇살 포근한 이런 봄날에
고양이들은
갈매기가 울어도
갈매기도 보지 않고
몸을 낮춰 살그머니
혹은 나른하게
아이들이 고무줄놀이를 하고 있는
마을길을 가로질러
아지랑이 어리는 자신들의 통로로
발걸음을 옮길 때
문득 나를 보고 소스라쳐 사라지는
저 얼룩고양이는
어느날

내 꿈속
한 그림자가 아니라면
이 봄날 바닷가 마을을
오래도록 기억하는 무늬가 된다

무덤 위의 집

검은 철쭉이 피고
아비가 죽었다
배가 내렸다
누런 개나리 지고
어미가 죽었다
바람이 분다
아들이 비를 맞고 아비를 묻었다
딸이 바람 속에 어미를 묻었다
아들이 검은 꽃을 무덤 위에 뿌렸다
딸이 누런 꽃을 무덤 위에 뿌렸다
아비의 무덤이 산천에 있다
어미의 무덤이 들판에 있다
아들이 집을 짓는다
아비의 무덤 위에 제 집을 짓는다
딸이 집을 옮긴다
어미의 무덤 위에 제 새끼를 키운다
다시 비가 내리고
바람이 분다
검은 철쭉과
개나리가 피고 진다

들 녘

들녘,
바람 불다 그친 들녘
흰구름은 여전한 들녘
농부,
고춧대 말없이 세우는 들녘
나날 흘러가 고추포기 자라고
고추포기 붉은 고추 열리기도 하고
들녘,
바람 불다 그친 들녘
흰구름은 여전한 들녘
고추포기 주렁주렁 쥐들도 달린 들녘
농부,
말없이 고추 따는 농부
주렁주렁 달린 쥐를 보지 않는 농부
들녘,
고추포기 붉은 고추 열리기도 하고
이 고랑 저 고랑 고추포기에
농부의 검은 손도 달려 있는 들녘
농부,

말없이 고추 따는 농부
고추포기에 달려 있는 자기 손을 보지 않고
농부,
고추 따는 농부
들녘,
바람 불다 그친 들녘
인가조차 멀리 보이지 않는 들녘

탄생

들녘, 무서리 내리고
오막살이 불빛 외로운 밤
가을걷이 끝낸
늙은 농부 부부들 잠들면
그들의 꿈속에 새 아기 태어나네.

아기는 성이 없고

길에서 아기 보네
아기 어느새
방긋 웃고
아기 어느새
말을 하네
누구 젖을 먹고 자랄까?
아기, 늙은 농부 부부들
꿈속에서 태어난
이 아기
늙은 농부 부부에겐 젖이 없고
늙은 농부 부부에겐 요람이 없네
늙은 농부 부부에겐 자장가도 없네
사람들 아기 이름 물어보네
사람들 아기 이름 모르네
사람들 아기 성을 묻네
사람들 아기 성을 모르네
들녘, 무서리 내리고
오막살이 불빛 외롭네
사람들 낯선 아기

그냥 보고 지나치네
기뻐하네, 나
아기 보아 기쁘네
내 마음 아기 키우네
아기
내 마음 키우네

해설

생명현상의 순연함과 지극함

이 경 호

어릴 때 내가 살던 서울의 답십리에서 한강의 뚝섬까지 미역을 감으러 간 적이 있었다. 동네 옆으로 흐르는 개천의 둑방을 따라 어린아이 걸음으로 족히 두어 시간은 걸렸을 그 길을 걷다보면 허기와 갈증이 몰려오곤 하였다. 그때마다 아직 덜 여문 옥수수를 따먹으며 갈증은 둑방 아래쪽에 마련된 펌프물로 해결하였다. 그 당시에 펌프물은 독특한 여과장치를 통해서 받아 마시게 되어 있었다. 펌프의 주둥이가 사각형의 나무상자 위로 배치되어 있고, 나무상자 속에는 흙과 모래와 자갈들로 몇겹의 여과층이 마련되어 있었다. 그 여과층을 거친 후에 나무상자의 바닥에 심어놓은 조그만 파이프로 흘러나오는 물맛을 나는 김명수의 이번 시집 교정지를 읽다가 갑자기 기억해내게 되었다. 목구멍을 저릿하고 서늘하게 타넘던 물맛, 그 선연한 물맛의 추억이 오랜 세월을 잠자고 있던 화석처럼 내 마음의 시선에 발굴되어 나타난 것이다.

    돌에 나뭇잎이 새겨져 있다.
    꽃도 줄기도
    뿌리도 흔적 없다

나는 숲속의 나무를 생각해본다
나뭇잎의 시간을 생각해본다
숲에 내리던 이슬비도 생각한다
옛날, 그 옛날
아마도 수억년 전
나뭇잎에 어리던 햇살도 떠올린다
돌에 나뭇잎이 새겨져 있다
꽃도 줄기도
뿌리도 흔적 없다
나는 나를 생각한다.
지금 이 시간
나의 시간을 생각해본다
나는 지금 숨을 쉰다.
밖에는 이슬비가 내리고
내 그림자가 벽에 비친다

——「나뭇잎 화석」 전문

돌연히 기억의 지층에 솟아오른 물맛이 내 유년시절의 삶 전체를 생생하게 돌아보며 음미하게 만들었듯이, '나뭇잎 화석'은 '수억년 전'의 그 생명 전체를 선연하게 상상해보는 기회를 제공하고 있다. "꽃도 줄기도/뿌리도 흔적 없"는 나뭇잎만으로 그것과 관련된 모든 생명현상과 그 현상이 지속된 시간을 상상해보는 시인의 시선은 이번 시집의 주제와 표현기법을 동시에 아우르는 단서를 제공하고 있어서 의미심장해 보인다. '나뭇잎 화석'의 모양은 이번 시집에 수록된 그의 작품 대부분의 모양과 일치하는 특징을 보여주고 있는 것이다. "꽃도 줄기도/뿌리도" 생략해버린 듯한 간결한 시행들은 시어의 자간과 행간에 넓은 여백을 제공하며 독자 스스로 의미를 찾아내 음미하도록 시읽기의 방향을 유도해낸다. 수식어를 배제하는 시어들로 간결하게 짜여진 시행들은 선이 굵고 명징한 시의 몸체를 만들어내고, 이러한 몸체는 김명수 시세계의 유니크한 개성으로 인정받아 왔다. 그런데 이번 시집에서 그가 구사하는 문체는 색다른 효과를 만들어내고 있으며 바로 그 효과 속에 깃들인 삶의 깊은 이치를 우리는 탐색할 필요가 있다.

앞서 인용한 시에서 시의 화자는 '나뭇잎 화석'에 시선을 집중하고 있다. 그 시선은 정적인 구도를 탐색하고 있는 것이다. 시인이 노리는 효과는 바로 그것이다. 간결한 시어들이 정적인 구도를 구축하는 효과를 이룩할 때, 시인은 바로 그 구도 속에서 삶의 깊은 이치를 발굴해내려고 한다. 그런 점에서 '화석'은 정적인 구도의 결정체인 셈이다. 그렇다면 정적인 구도 속에서 발굴되는 삶의 깊은 이치는 무엇일까?

그 이치를 찾아내기 위하여 우리는 이 작품에서 먼저 마침표를 가진 세 개의 문장을 주목할 필요가 있다. 세 개의 문장은 1)돌에 나뭇잎이 새겨져 있다 2)나는 나를 생각한다 3)나는 지금 숨을 쉰다,로 구성되어 있다. 1)의 문장은 정적인 구도의 흔적을 암시한다. 그런데 하필이면 정적인 구도의 대상이 나뭇잎일까? 시의 화자는 나무의 지체 중에서 뭇 자연의 대상과 생명현상을 교감하는 가장 작은 지체로 나뭇잎을 주목한 것 같다. 나뭇잎은 줄기나 뿌리처럼 각질층으로 덮여져 있지 않다. 그것은 부드럽고 연약하다. 그것은 또한 꽃처럼 화려한 모습을 뽐내지도 못한다. 그러나 보다 중요한 것은 그것이 낙엽으로 일생을 마감한다는 것이다. 나무의 뿌리나 줄기는 오랜 세월을 버티며 생명현상을 이어갈 수가 있다. 그런데 나뭇잎은 꽃보다는 오랜 기간이지만 봄에서 가을까지만 목숨을 이어간다. 시의 화자는 바로 지체가 작고 연약하며 소박할 뿐만 아니라 생명의 지속기간도 짧은 나뭇잎을 마음의 응시대상으로 선택한 것이다. 2)의 문장은 모든 서정시에서 시적 대상과 교감하는 주체의 개입을 암시한다. 지체가 작고 연약하며 소박할 뿐만 아니라 생명의 지속기간도 짧은 나뭇잎을 시적 대상으로 선택한 까닭은 바로 자신의 삶을 그것에 빗대어보고 싶었기 때문이다. 나뭇잎의 그런 속성을 상상해보니 자신의 삶이 자연스럽게 나뭇잎에 일치되는 것이다. 자신의 삶 또한 작고 연약하며 소박할 뿐만 아니라 생명의 지속기간도 짧다는 사실을 깨닫게 되었으리라. 따라서 "나는 나를 생각한다"는 두번째 문장의 뜻은 자칫하면 삶의 초라한 운명에 대한 자각으로 읽힐 법도 하다. 그러나 두번째 문장의 뜻은 다른 방향으로 나아간다. 나뭇잎의 다른 존재 비밀을 시의 화자가 엿보았기 때문이다. 나뭇잎은 작고 연약하지만 나무의 지체 중에서 생명현상에 거의 유일하게 참여하는 역할을 감당하고 있다. 호흡작용과 광합성작용으로 일컬어지는 그 생명현상의 비밀은 나뭇잎의 푸름과 부드러움에 있다. 각질층이 없는 그것은 "숲에 내리던 이슬비"와 "나뭇잎에 어리던 햇살"을 가장 먼저 느끼고 받아들인다. 그것이야말로 순연한 생명현상의 보고인 것이다. 나뭇잎의 그러한 생명현상을 절실하게 공감하였기에 시의 화자는 3)의 문장을 빚어낸다. 그 문장은 나뭇잎과 시의 화자를 하나로 묶어주는 절실한 존재의 속성이다. 그 속성은 생명현상의 현재성을 뜻한다. 생명현상의 현재성으로 작은 미물은 전우주와 하나가 된다. 그러한 속성을 깨달은 시의 화자는 "내 그림자가 벽에 비친다"는 화두를 마지막 시행으로 던진다. '벽에 비친' '그림자'는 바로 '나뭇잎 화석'이며 그것은 생명현상의 지극한 기록이다.
　김명수의 이번 시집에는 이렇듯 순연하고 지극한 생명현상에 대한 관찰과 교감을 꾸밈없는 문체로 아로새겨놓은 풍경들이 돋보인다.

　　여울물 흐르는 기슭에
　　아지랑이 잔물살 지으며

　　실낱 같은 고기들이
　　물살을 거스른다

　　아직 세찬 물살 모르는
　　알에서 갓 깨어난

　　어린 고기들의 첫 헤엄!

　　저 물살에 어리는
　　네 어린날 꽃신 하나
　　　　　　　　　　　　──「여울에서」 전문

　이 작품의 묘미는 1연과 5연에 있다. 1연에서는 '아지랑이'와 '잔물살'의 관계가 돋보이고 5연의 전체 내용인 "저 물살에 어리는/네 어린날 꽃신 하나"의 정경은 '어린 고기'와 '꽃신'의 움직임을 겹쳐놓은 상상력이 이채롭다. 1연의 '아지랑이 잔물살'은 두 가지 움직임을 연상시킨다. 실제의 움직임은 "어린 고기들의 첫 헤엄"이 일으키는 '잔물살'이 마치 '아지랑이'처럼 미세한 움직임으로 아른거리는 모양을 지시하고 있지만, 다르게는 '아지 랑이'가 '잔물살'처럼 아른거리며 피어나는 모습도 연상하게 만든다. 한마디로 복합적인 연상효과가 돋보이는 것이다. 5연의 경우는 "어린 고기들의 첫 헤엄"이 보여주는 미숙한 움직임을 관찰하면서 '어린날 꽃신'을 신고 뒤뚱거리는 미숙한 발걸음을 연상해보는 상상력이 참신하다.

  이러한 풍경 속에는 순연한 생명현상에 대한 동경이 채색되어 있다. 그 동경은 순연한 만큼 그와 상반되는 속성이 체로 걸러져 있다. 그 순연함은 밝고 맑은 쪽으로만 경사되어 있는 특징을 노출하고 있는 것이다. 이에 반해 다음과 같은 시편들은 두 가지 속성이 혼융되어 있는 생명현상의 특징을 보여주고 있다.

    산재 병원 뒷산 숲길
    아카시아 활짝 피어
    꽃향기 짙은 날

    후미진 병원 영안실에
    한 목숨 이승 하직하여
    목탁 소리와 함께
    분향하는 향내음
    아카시아 숲길까지 퍼지네
                            ——「두 향기」 부분

    주모는 술손님과 너나들이로 스스럼이 없다
    남편도 옛날에 오징엇배를 탔다 한다
    사내들이 주모에게 소주잔을 건네고

주모가 서슴없이 술잔을 받는다
진눈깨비 몰아치고 날씨가 사납다
술청 안에 욕설이 뒤섞이고
멱살잡이 벌어진다
자정이 넘어서야 술집 불이 꺼지고
비틀대며 사내들이 선술집을 나선다
동이 트자 환한 해가 술청으로 쏟아진다
어느새 주모가 선창으로 나선다
안줏감을 흥정하는 그녀의 얼굴에
싱싱한 아침해가 환하게 빛난다
　　　　　　　　　　——「선창 술집」 부분

「두 향기」는 도식적이긴 하지만 생명현상이 만개한 자리에 죽음의 그늘이 드리워지는 복합적인 구도가 제시되어 있다. 밝음은 어두움과 겹쳐지면서 색조의 깊이를 획득하는 법이다. 생명현상 또한 삶의 깊은 이치로 수렴하자면 그러한 착잡한 깊이를 배제하기가 어렵다. 그러한 경우에 생명현상은 순연하기보다는 지극한 속성을 배태하게 된다.

그런 점에서 「선창 술집」은 이번 시집의 주된 성격을 거스르면서도 주목해볼 만한 표현기법의 특징과 내용을 보여주고 있다. 표현기법의 특징으로는 정적인 묘사구도를 탈피하여 역동적인 서사구도를 도입하고 있는 점을 지적할 수가 있다. 술청의 분위기는 술손님들과 어우러지는 주모의 움직임, 술손님들의 드센 어울림과 갈등과정을 통하여 역동성을 획득한다. "진눈깨비 몰아치고 날씨가 사납다"는 사실마저 역동적인 삶의 분위기를 빚어내는 데 일조한다. 시의 화자는 그 모든 분위기를 등장인물들의 동

작으로 표현해내고 있다. 묘사적인 시의 구도가 대체로 수식어를 동반한 명사로 시행을 종결하는 특징을 보이고, 그런 특징 때문에 시의 구도가 정적인 속성을 간직하게 되는 데 반하여, 동사로 시행을 종결하는 서술적인(서사적인) 시의 구도는 역동적인 속성을 노출하게 되는 것이다. 결국 술청에서 전개되고 있는 거친 장면은 삶의 신산한 고통을 적극적인 몸의 움직임을 통하여 풀어내는 생명현상을 상징하고 있다. 그러한 생명현상은 고요한 분위기 속에서 생겨나는 명징한 생명현상과는 사뭇 대조적인 모양을 보여준다. 그러한 모양은 이 작품의 마지막 부분에서 "싱싱한 아침해"와 하모니를 이루면서 생명현상의 지극한 속성을 자연스럽게 껴안는 효과를 이룩해낸다. 생명현상의 지극한 활력은 거칠고 어두운 갈등의 과정을 포함하고서야 빛나는 결정체를 이룩할 수가 있는 것이다.

김명수의 시세계는 이번 시집에서 대체로 자연과 동심을 하나로 거머잡는 생명활동의 순연한 아름다움에 촛점을 맞추고 있는 것처럼 보인다. 동심으로의 귀환은 무엇보다도 천진성을 기반으로 하여 자연과 인간의 경계를 지우려는 항심에서 비롯되었다. 인간에게 순연한 생명현상은 천진성에 있고, 그러한 천진성 속에서 자연의 생명현상과 가장 지극하게 소통할 수 있다는 믿음이 자연의 생명현상을 동심으로 받아들이게 만든 것 같다. 그러한 믿음을 항심으로 품을 때 시인은 "내가 봄을 보고/봄이 나를 보는 거리여/멀어라, 멀어져라!"(「遠視」)고 소리친다. 그러나 우리는 삶의 천진성이 주어진 삶의 현실을 비끄러매기에는 미약하다는 사실 또한 주목하지 않을 수가 없다. 무엇보다도 주어진 삶의 현실을 가리고 그리운 자연의 생명현상으로 회귀하려는 마음은 천진성을 가장하여 삶의 결핍을 용인하는 빌미를 제공할 수 있기 때문이다. 그런 점에서 우리는 삶의 천진성을 밝은 자연의 생명현상과 포개어놓는 순연한 시선보다 삶의 착잡한 속성들을 무심한 자연의 생명현상에 포개어놓는 지극한 시선에 의미로움의 무게를 실어주고 싶다.

시인의 말

　무슨 말을 덧붙이냐. 시를 쓰려 했던가. 시를 잊으려 했던가. 돌이켜보니 이 시집의 시들은 나보다는 오히려 갯메꽃, 소금풀, 아기게들, 소루쟁이, 은빛 산맥 들이 쓴 것 같다.
　눈 속에 피어나는 복수초. 얼음 위에 타오르는 불꽃들. 별들의 슬픔이자 무기수들의 눈물인 은하수. 마주보고 앉지 않는 새, 갈매기. 돌이 화석된 돌. 산을 파먹고, 강물을 삼키고, 바다를 향해 목을 늘이는 거대한 입. 질주하는 달팽이. 그리고 무엇보다 자동차…… 질주하는 자동차가 떠오른다.

　눈 들면 멀리 은빛 산맥들이 너울지고 바다 따라 이어진 연연한 들판 한길로 소년은 준마 타고 달린다. 어젯밤 저 길에 폭풍도 스쳤다만 소년의 가슴에 해당화 피어난다. 어머니꽃 해당화. 해당화 꽃향기가 비바람을 거두었다. 저 길은 일찍이 내가 가지 못하던 길. 빛나는 이 아침 새소리 들리고 들꽃들 피어난다. 소년의 이마는 높고 능금빛 뺨에 햇살이 어린다. 여기 이 곤고한 시집을 내 소년에게 바친다. 아름다운 소년에게. 내 꿈 소년에게.

2000년 5월
김 명 수

창비시선 197
아기는 성이 없고

초판 발행/2000년 6월 10일

지은이/김명수
펴낸이/고세현
편집/고형렬 김성은 공병훈 염종선
펴낸곳/(주)창작과비평사
등록/1986년 8월 5일 제10-145호
주소/서울 마포구 용강동 50-1 우편번호 121-070
전화/영업 718-0541, 0542 · 편집 718-0543, 0544
　　　독자사업 716-7876, 7877
팩시밀리/영업 713-2403 · 편집 703-3843
하이텔 · 천리안 · 나우누리 ID/Changbi
홈페이지/www.changbi.com
전자우편/changbi@changbi.com
지로번호/3002568

ⓒ 김명수 2000
ISBN 89-364-2197-2　03810
* 이 책 내용의 전부 또는 일부를 재사용하려면 반드시
  저작권자와 창작과비평사 양측의 동의를 받아야 합니다.
* 책값은 뒤표지에 표시되어 있습니다.